公務員の「強み」の活かし方

自分らしさを見つけて伸ばす

齋藤綾治
Saito Ryoji

はじめに

自分に「強み」と呼べるようなものはあるのだろうか——。

「数年で全く違う部署に異動してしまうので、キャリアが積み上がっていかないように感じてしまいます」

「広い視野が大事だということもわかるけれど、それだと専門性が育っていかないように思うんです」

私はこれまで、このような戸惑いを感じ、悩みを抱える自治体職員の声をたくさん耳にしてきました。

そして実は、私自身もかつて同じ悩みを抱える職員の1人でした。

その頃の私は、強みというものを、まるでロールプレイングゲームの中で主人公が手に入れていく武器や装備、魔法のようなものだとイメージしていたんです。
弓矢を 手に入れた！
盾を 手に入れた！
こんなふうに、**強みとは、どこかで見つけて獲得していくものだと思っていた**んですね。

どこかで強みと呼べるようなものが手に入らないかな。
今度異動する部署では、私は何かを手に入れられるのかな。

そんなことを考えながら日々を過ごしていました。
そうやって、長い間もやもやとした悩みを抱えながら仕事をしていた私は、コーチングを学んで人のタイプ分けを理解したり、人の強みを見つけ出すツール、ストレングスファインダー®（※）を学んだりしながら過ごす中で、やっと1つの答えを見つけ出すことができました。

それは、**「自分の強みとは、自分の中にもともと備わっているものの中から見出し、磨いて育てていくもの」**だということです。

このことに気がついたとき、何よりもまず「これ以上、強みを探し回らなくていいんだ！」と、気持ちが楽になったことを覚えています。

そして今、改めて周りを見渡すと、以前の私のように自分の強みに気がついていない、あるいは強みを上手に活かせていない職員が数多くいることに気づかされます。

あなたには、すでに強みの原石が備わっていて、そこは少し膨らんでいます。

こんなイメージです。

でも、この膨らみを強みの原石だと気がつかないと、「この膨らみは他の人と違っ

ているから、**周りと合わせるためにも凹まさないといけないんじゃないか**」とか、逆に「この凹んでいるところは**私の苦手なところだから、頑張って膨らませないと**」と考えて、こんなふうになってしまいます。

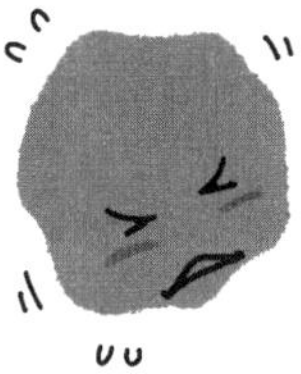

ちょっといびつで、**特徴のない丸っぽいかたまり**ですね。

またある人は、自分の強みには見向きもせずに、「この人ってすごいなあ」「あの人もすごいよねえ」と、周囲ばかりを見てしまっています。こんな感じです。

また別の人は、自分というものにこだわりすぎてしまい、強みかどうかもわからないまま尖らせてしまったために、**周りの人にとっては、どこか近づきにくい存在**になってしまいました。こんなイメージです。

どれもやっぱり、もったいないですよね。自分に備わっている強みの原石、それを見つけて磨いて伸ばしていく。そして、強みで輝く星になる。

あなたには、ぜひあなたらしい星になることを目指してほしいと思います。

あなたには、あなたの強みがあります。

そして、その**強みの原石は、すでにあなたに備わっています。**

この本をきっかけとして、あなたが強みの原石に気づき、それを磨いて、自分らしく活き活きと過ごす日々を手に入れることを、願っています。

「強みの原石がすでに備わっていると言われても、実感が湧かないな……」

そう思っているあなたも大丈夫。


今から一緒に、強み発見の旅へとでかけましょう！

※ストレングスファインダー®：アメリカの世論調査会社であるギャラップ社が開発した才能測定アセスメント

自分らしさを見つけて伸ばす　公務員の「強み」の活かし方　◎目次

CONTENTS

CHAPTER 2

自分らしさを磨き、強みに育てる

――オリジナルの得意パターンを見出す

CHAPTER 3

組織の中でも外でも、強みを活かす
——自治体の現場で強みを発揮する

CHAPTER 4

チームで強みを活かし合う
——1人ひとりの違いを認める

CHAPTER 5

そしてあなたはリーダーになる
——自然体で協力関係を築く

CHAPTER

1

強みの原石を見つけ出す

──3つの視点から探るあなたの個性

自分らしさを理解することの大切さ

自分らしさを置き忘れていませんか？

「まるで走行中の電車から電車へと飛び移っていくみたいだ」

数年で異動を繰り返す公務員の仕事について、こう感じることがあります。

就職、あるいは異動によって配属された新たな職場。そこでは、**前任が抜けた穴を埋めるべく即戦力としての働き**が期待されます。新しい職場への期待や不安に浸っている間もなく、業務の流れを止めないよう引き継ぎ事項に目を通し、担当業務の締切を確認して作業をスタートさせていく。慣れる間もなく、やるべき業務に邁進しているうちに、気がつけば1年が経っていた、なんていうこともしょっちゅうです。そして、尽きることのない行政課題に向き合っているうちに数年が経ち、やがて異動を迎え、また新たな職場で走り出す――。

与えられた業務を確実にこなし、周囲に迷惑をかけることなく頑張っていく。これはとても大切なことです。でも、ここであなたに1つ問いかけてみたいと思います。

「あなたは、自分らしさを置き忘れていませんか？」

あなたは、**公務員としてのキャリアを歩んでいると同時に、唯一無二の存在として、かけがえのない人生を歩んでいます。**そして、この2つは分け隔てられるものではありません。

あなたには、自分らしさを仕事の中でも存分に発揮しながら、仕事も、人生も、どちらも充実させてほしい。

自分らしさを見つめることは、強みを見出すことにつながり、必ずあなたのキャリアにも、人生の充実にも役立ちます。

そのための一歩を、ここから踏み出していきましょう。

自分らしさを見つめることが、強みを見つける第一歩

自分の強みを見つけ出すためには、自分の「らしさ」を理解することが欠かせません。なぜなら強みとは、**自分の外側に装着するものではなく、内側から育て、活かすもの**だからです。

「○○という資格を持っています」
「長く同じ部署にいてこの分野のスペシャリストです」
「過去に大きな事業を立ち上げた実績があります」

自分の強みというと、つい、こんなふうに、何かしら人に証明できるものが欲しくなってしまう人も多いことでしょう。

わかりやすく他人に誇れるものを持つこと。それこそが強みだという感覚です。

たしかに、資格や実績はわかりやすく自分を証明するものです。初対面の人に自分を理解してもらうとき、たとえば転職活動をするときなどは、役立つかもしれません。

しかし実際には、**資格や実績よりも、あなた自身がそれを活かせる力を持っているかどうかのほうが、よほど重要**です。

獲得し装着することに一喜一憂するのではなく、自分の内側を見てほしいのです。

足の速さや力の強さ、ジャンプ力など、1人ひとりの身体能力に違いがあるように、仕事で活かせる強みも1人ひとり違いがあります。

それを見つけ出すヒントが「自分らしさ」の中にあるのです。

もう、外へ外へと強み探しの旅を続けて迷子になる必要はありません。自分の内側に意識を向けて、「自分らしさ」から強みを見つけ出していきましょう。

3つの視点から、自分の強みを見つけ出す

こだわりや価値観、行動の特性にヒントがある

さあ、さっそく実際にあなたの持っている強みを見つけていきましょう。

本書では、仕事を進めていく上で1人ひとりが持つこだわりや価値観、行動の特性などを**「行動・事実」「感情・想い」「思考・理解」という3つの視点**に整理しています。

3つの視点は、いわば強みの原石です。

自分の視点の強さを把握することは、自分らしさを理解することにつながり、自分

の強みを見つけ出す第一歩となります。

これから、3つの視点について、それぞれ特徴的なキーワードやその強みを紹介していきます。**自分が特に強いと思う視点を見つけ出してみてください。**

すぐに1つに絞れる人もいれば、2つの視点に強さがあると感じる人、あるいは3つの視点どれもが自分らしいと感じるバランス型の人もいるかもしれません。自分をいずれかの視点にはめ込んでしまうのではなく、これから自分らしさをより良く活かしていくために、**どの視点を大切に伸ばしていくのが良いと思うか、**その方向を見つけ出してみてください。

これまで、つい自分の弱みが気になってしまって、まるで砂漠に水を撒くように、できないところ、苦手なところの克服に頑張ってきた方もいるかもしれません。これからは、意識を自分の強みへと移し、強みを育て、活かす方向へと力を入れていきましょう。

ぜひ、わくわくしながら自分の強みを見つけ出していってください。

「行動・事実」の視点を持つ人の強み
――実行する力で確実に業務をやり遂げる

「行動・事実」の視点を持つ人の特徴

「行動・事実」の視点を多く持つ人は、**仕事を具体的な行動に落とし込んで実行していくこと**に強みがあります。何を、どこまで、いつまでに完了させるのかが具体的になると快適さを感じ、確実に結果を出していくことができる人と言うことができます。

次に挙げた特徴の中に、自分らしいと感じるもの、自分に当てはまると思うものが多くある人や、数は少なくても「自分はこれがとても強い」という項目がある人は、この視点に紐づいた強みを持つ人と言えます。

- 自分のやるべきことが明確になるとエンジンがかかる
- 抽象的な話よりも、できるだけ具体的な話を好む
- やり方や理由にこだわるより、きちんと終わらせることを重視する
- 暇なときより、やることが手元にあるときのほうが活き活きする
- 常にプライベートよりも仕事を重視しがちだ
- 確実に責任を果たしたい。だから自分の業務範囲をはっきりさせたい
- 目標を立てて達成していくことが快適
- 質にこだわるより、次々完了して量を処理していくほうが得意
- 考えて立ち止まるよりも、実際にやってみて修正をかけていくほうを好む
- 仕事を選り好みしない。楽しさやうれしさ、やる気で判断をしない

☑気持ちの浮き沈みがあっても仕事の手は休めない
☑資料作成、会議、説明会等を確実に完了することを重視する
☑不透明な未来の構想よりも、現実にある目の前の課題解決を優先する
☑理屈にはこだわらない。むしろ理屈ばかりを議論することに価値を感じない

「行動・事実」の視点を持つ人の強み

「行動・事実」の視点が強い人が発揮できる「強み」は、次のように整理することができます。

⊕一時の感情に左右されず、具体的な業務に集中し続けることができる

➕自ら行動を起こし、業務を完了させる力に優れている
➕現実的・具体的に仕事を前に進ませていくことができる
➕業務への責任感が強く、困難があってもやり抜く意思の強さがある
➕話し合いをあいまいなままに終わらせず、実際に何をやるのかまで決めていく力を持っている

自らの行動力でもって、確実に成果を出していく。素晴らしい強みです。

「感情・想い」の視点を持つ人の強み
――どんなときも、仲間のために、相手のために

「感情・想い」の視点を持つ人の特徴

「感情・想い」の視点が強い人は、**一緒に働く人や、業務の先に存在する人の「心」**を大切にします。

職場内が安心・安全な環境であることに重きを置き、業務が誰かの役に立っていると実感できることで、心が満たされ、活力が湧いてきます。

次に挙げた特徴の中に、自分らしいと感じるもの、自分に当てはまると思うものが多くある人や、数は少なくても「自分はこれがとても強い」という項目がある人は、

この視点に紐づいた強みを持つ人と言えます。

- ☑自分のためよりも、誰かのためと思うことでエネルギーが湧いてくる
- ☑自分1人よりも、仲間とともに成果を出して気持ちを分かち合いたい
- ☑仕事の中身より、一緒に取り組む仲間のモチベーションに関心が向く
- ☑上司や職場の仲間と理解し合えていることが頑張りにつながる
- ☑誰にとって価値や意味があるのかを実感できる仕事がしたい
- ☑職場内がギスギスしていると影響を受け、気持ちが疲れてしまう
- ☑用件と同じかそれ以上に挨拶・気遣いの言葉を大切にする
- ☑感謝の言葉に喜び、文句や苦情の言葉にエネルギーを吸い取られる
- ☑自分の意見を押し通すよりも、人の意見を聞いて尊重するほうを選ぶ
- ☑業務ばかりが優先され、人の気持ちが後回しにされると疲弊する
- ☑仲間の苦労や気落ちしている姿を見過ごさずに声をかけ、応援する

- やさしさを大切にし、人の悩みを親身になって受け止める
- 対話を重視する。正しさの追求よりもみんなの合意を大切にする
- 頼まれた仕事を優先し、つい自分の仕事を後回しにしてしまう
- 後輩や部下を育てることに大きなやりがいを感じている

「感情・想い」の視点を持つ人の強み

「感情・想い」の視点が強い人が発揮できる「強み」は、次のように整理することができます。

➕職場の潤滑油となって、チーム力を上げていくことができる

- ➊住民の困りごとにいち早く気づき、支援する力に優れている
- ➊相手を受容しながら、合意形成していく力がある
- ➊何よりも人を大切にし、人のために頑張ることができる
- ➊誰のための仕事なのかの視点を持って、仕事の良し悪しを判断できる

自分よりも相手の心を優先し、他者のために頑張れる。素晴らしい強みです。

「思考・理解」の視点を持つ人の強み
――考えを整理し、最適解を導き出す

「思考・理解」の視点を持つ人の特徴

「思考・理解」の視点が強い人は、**考える時間を大切にします。**理解を深め、業務を俯瞰しながらアイデアを生み出したり、仕組みをつくったりしていくことに強みを発揮します。

次に挙げた特徴の中に、自分らしいと感じるもの、自分に当てはまると思うものが多くある人や、数は少なくても「自分はこれがとても強い」という項目がある人は、この視点に紐づいた強みを持つ人と言えます。

- ☑考えることを大切にしている。ちゃんと考えてから行動したい
- ☑そもそも何のためにやるのか、そこを知り納得してから動きたい
- ☑抽象的な話も得意。目指す方向を議論することや、方針や理念を決めることを大切にする
- ☑全体を把握したい、俯瞰しながら物事を判断したい気持ちが強い
- ☑アイデアを自由に話せる環境があると活き活きする
- ☑新しい仕組みを考えたり、工夫を凝らしたりすることが得意
- ☑業務の効率化を好み、改善に注力することにやる気が出る
- ☑調べたり学んだりすることを面倒がらず、むしろ楽しめるほうだ
- ☑誰が言ったかではなく、ちゃんと根拠を持って判断したい
- ☑指示や提案の際には、結論だけではなく経緯や理由も知りたい
- ☑データや数値に強く、資料を整理したりまとめたりするのが得意
- ☑事前に資料に目を通し、先に考えをまとめてから議論するほうが快適

☑情報を大切にし、背景や類似案件、参考データなどを重視する
☑リスクに敏感。見通しが立たないまま始めることには躊躇する
☑質を求め、妥協せずに自分のこだわりを追求する

「思考・理解」の視点を持つ人の強み

「思考・理解」の視点が強い人が発揮できる「強み」は、次のように整理することができます。

⊕仕事の効率化や仕組み化を進めていくことが得意
⊕抽象的に物事を捉え、本質的な解決策を見出す力に優れている

⊕情報や知識を収集し、整理する力に優れている
⊕根拠と理由をしっかり押さえながら仕事を進めていくことができる
⊕過去・現在・未来など、見方を変えながら多角的に検討し、新しいアイデアを考え出す力に優れている

考えを整理して最適解を導き出す。素晴らしい強みです。

自分を活かすことに意識を向ける

自分らしさを認めて活かす

3つの視点から見る自分らしさ、いかがでしたでしょうか。

自分らしさを磨き、強みへと育てていくために、伸ばしていきたい視点は見つかりましたか？

「自分に当てはまるものが多い視点はあったけれど、それを強みと言うほどの自信はまだ持てない」という人もいるかもしれませんが、大丈夫。

強みの原石となる「らしさ」は、最初はとても小さなものです。今の時点で、それらが成果につながっているかどうかや、自分自身で好ましいと感じているかどうかを気にする必要はありません。

自分自身が仕事をする上で気にしていることや、大切にしていること。つい頑張ってしまうことや、満たされないとイライラしてしまうことなどを思い出しながら、どんどん「自分らしさ」を明らかにしていきましょう。

なかなか自分では見つけられないという人は、周囲の仲間や、親しい友人などに聞いてみるのもいいでしょう。**あなたが無自覚なほどに自然とやっていて、当たり前のようにできること。それこそがまさにあなたらしさ**なのです。

自分を見つめ、自分らしさに気づけば気づくほど、その不器用さに思わず苦笑してしまうかもしれません。でもそれでいいのです。誰にだって不器用な一面があり、それが個性です。**今は自己評価を脇にどけておく**ことが大切です。

視点の強さはエネルギーの強さ

自分の視点の強いところは、エネルギーの強いところと言い換えることもできます。人は仕事をするとき、まず自分の視点から物事を捉え、価値判断をし、行動を決めていきます。

視点の強さをより良く活かせば、大きな成果を生み出す原動力となりますし、逆にこれを無理に我慢すれば、大きなストレスを感じてしまいます。また、この強さを無自覚に、あるいは意地になって振り回してしまえば、周囲に混乱をもたらす原因にもなってしまいます。

自分をより良く活かすためにも、また、職場で他者と協力しながら仕事の成果を上げていくためにも、**自分の視点の強さの理解は、とても大切なことです**。

そして、視点の強さを理解し磨いていく過程では、これまで自分が苦手だと思っていたことが、実はそうではなくて、**強みのエネルギーの活かし方を工夫すればよかったんだ**と気づく場面もきっと出てくることでしょう。

視点の強さをより良いほうに向けて使っていけるように、工夫を重ねていきましょう。

COLUMN **1**

「強みの視点」の見分け方

Question

どの視点も状況によって当てはまったり、
当てはまらなかったりするように感じてしまいます。

Advice

どの視点のスタンスも取ることができる、バランスの良さに素晴らしい強みを持っているのかもしれませんね。

もしくは、自分の価値観よりもチームとしての成果や進捗を大事にする日々を長く過ごしてきて、自分が本来持っている視点が見えにくくなっているのかもしれません。

もし、なんの制限もなく、自由に仕事のやり方や進め方をリードできるとしたらどうでしょうか？

日常の中で強みを発揮できているかどうかはいったん脇に置き、「素のままの自分は何を大事にしているのだろう」「本来の自分はどの視点を大切にしているだろう」と、自分自身に問いかけてみてください。

視点の濃淡を感じることができれば、それで充分です。

そこからが強み磨きのスタートです。より濃さを感じた視点を磨いて伸ばしていきましょう。

CHAPTER

2

自分らしさを磨き、強みに育てる

――オリジナルの得意パターンを見出す

強みを磨いた先に手に入れるもの

強みを見つけて手に入れた「3つの実感」

ここで改めて、「強み」を磨くことのメリットをお伝えしましょう。

自分の強みが欲しい——。

そう思ったあなたは、強みを育て、活かした先に、何を求めているのでしょうか。

「具体的にはわからないけれど、せっかくこんなに頑張って働いているのだから、『これができる』と言えるものが欲しい」

このような感覚かもしれないですね。

私は、自分らしさを見つめ、そこから強みを見出し磨いていったことで、地位や名誉、昇給よりもずっと大切なものを手に入れることができました。日々、仕事に取り組む中で私が得た「3つの実感」を、ここで紹介します。

❶ 自分が役立っているという満足感

自分の得意なやり方を磨いたことで成果を出しやすくなり、周囲へ貢献できることも増えた結果、**仲間や地域から感謝されることが格段に増えました。**感謝の言葉はとてもうれしく、自分が社会の役に立っているという満足感を得ることができたのです。

❷ 仲間と味わう達成感

自分の強みを意識する中で、仲間の強みにも気づくようになっていきました。困難な仕事であっても、**仲間の強みを信じ、互いに信頼し合って取り組んだ先の達**

成感は、1人では決して味わえないものがありました。

❸ 自分の意思で日々を過ごしているという充実感

自分の強みを理解したことは、「どういうやり方をしたらできるだろう」と工夫する気持ちを持ち続けることにつながっていきました。**日々の仕事が工夫の連続になり、自分の意思が入る**ことで、主体的に日々を過ごしているという充実感へとつながっていきました。

もし私が自分の内側に意識を向けずに、とにかく頑張ること、与えられた業務を処理することだけを続けてきたとしたら、この「3つの実感」を味わうことはできなかったでしょう。

処理しても処理しても次々と割り振られる業務を必死にこなし、やがて考えることすら放棄してしまっていたかもしれません。その姿をイメージすると、ちょっと恐ろしさすら感じます。

1人ひとりが、もっと「自分らしさ」で輝いていい

それぞれの職場、それぞれのポジションには、求められる役割や、果たすべき責務があります。しかし、そこで働くのは、1人ひとりの人間です。

人を支え、まちづくりを担う公務員の1人ひとりが、もっと「自分らしさ」を発揮して輝くことができたら、地域社会も、日本も、もっと明るく前向きなものになる。

私はそう考えています。


あなたには、あなたの強みがあります。

前章でお伝えしたように、**強みの原石は、すでにあなたの中にあります。**

自分の「らしさ」から強みを見つけ出し、大切に磨き、強みを発揮して、活き活きとした日々を手に入れていきましょう。

強みを見つけ、活かすとはどういうことか

自分らしいやり方、得意パターンを磨く

強みを見つけ、活かすとは、自分らしさから「強みの視点」を見つけ出し、それを「得意な仕事のやり方」へとつなげていくことです。

何ができるか（What）ではなく、どのようにやるか（How）に着目し、自分らしいやり方・得意パターンを磨いていくこととも言い換えることができます。強みを育て、活かしていくことは、あなたらしく活き活きと働くことにつながるのです。ここでは私の例を紹介します。1つのサンプルとして、参考にしてみてください。

❶ 私らしさ（私の強みの視点）

私は学生の頃から、**「誰かの役に立とう」**と思うと力が湧いてくる感覚がありました。就職してからも、**「誰のために仕事をするのか」**というところに納得感を求めがちなところがあり、仕事の先にいる〝人〟の存在を意識する視点が特に強いと言えます。

加えて、**物事の仕組みを理解する**ことや、工夫することにも興味を持っています。この部分は私よりも優れた力を持っている人が周りに多くいるのですが、自分が興味を持っているという点で、ここにも視点の強さがあると言えます。

一方で、「誰のために」とか「工夫したい」と考えることが先にきてしまうがゆえに、物事を素早くスタートさせることや、力強く次々と業務を処理していくこと、感情に流されず冷静に判断することなどは、弱さがあると自覚しています。

❷ 強みの視点を活かした仕事のやり方

自分の強みの視点を理解した私は、どの部署に異動しても、一貫してこれを活かすように仕事のやり方を工夫し、組織に貢献していきました。

たとえば次のような例が挙げられます。

・毎年同じフォーマットで作られていたチラシや、事業周知の資料について、**その事業が誰のためになるのかを強く意識して工夫し、**1つひとつの製作物にメッセージ性を高める工夫を繰り返した。

・一見味気なく思える作業について、その仕事の先にいる**〝人〟がイメージできるかどうかを意識**した。イメージができたら、「こういった人たちの役に立っている仕事だ」などと仲間と共有してモチベーションを高め、**イメージができなければ業務の廃止を提案**した。

・「誰のために」の視点を職場内にも向け、後輩を指導するときは、「この仕事にも意味があってね。それは……」とか、**「この仕事を経験しておくと、きっと今後役に立つよ」**などと表現を工夫しながら言葉にし、育成にも力を注いだ。

❸ 強みを活かした先で得た成果

自分の強みの視点を仕事のやり方へと活かしていった結果、そのことが成果・評価へとつながっていきました。

・**「読み手にやさしい」「わかりやすい」**と市民や外部委員からも言われる資料を提示することができるようになった。
・「事業周知のチラシの言葉が**自分に向けられていると感じられた**」という参加者の声をいただくことができた。
・「誰のためにこの仕事をするのか」を言葉にする力を磨いたことで、生涯学習部門、地域福祉部門、コミュニティ部門等で100人前後を前に事業を説明したり、協力を依頼したりする機会でもメッセージ性のある発信ができるようになり、**スムーズに理解や協力を得られる機会が格段に増えた。**
・オリンピック・パラリンピックやラグビーワールドカップ関連事業に携わった際に事業周知方法を工夫したほか、「未来を担う子どもたちに向けたメッセージを込める」「スポーツや文化で1人ひとりの生活に心の豊かさをもたらす」といった、人を意識した目的を妥協せずに追求し、開催したすべてのイベントで参加者から**90％以上の満足度**を得ることができた。

・「一緒に仕事ができてうれしかったです」「とてもよい経験をさせていただきました」と異動の際に後輩から言われることが増え、**一緒に働きたいと言われる**ことが多くなった。

日々の行動は一見すると地味に思えるかもしれません。それでも自分の強みの視点を仕事へと活かし続けていくことで、それが「強み」となり、「強み」が評価される場面が増え、「私らしい仕事のやり方」が周囲へと認知されるようになっていきました。

何よりうれしかったのは、どの部署に異動しても、自分らしさを発揮することが周囲から求められるようになったことです。

新たな部署へ異動するときには、「読み手にやさしい、わかりやすい資料を作ることができる人だ」「仕事の先にいる〝人〟のことが見えていて、誰のために仕事するのかを大切に考える人だ」「後輩を育てる力を持った人だ」と、**赴任する前から自**

分の強みが理解され、強みの発揮が期待される人材になっていったのです。

自分を信じ、磨いた強みは、どこの部署でも活かせる

これらの強みには、「○○資格」のような名前こそついていませんが、どこの職場に行っても、あるいは将来異なる仕事に就くことになったとしても、使える、活かせる強みです。

自分らしさから強みの視点を見つけ出し、それを信じて仕事のやり方へと活かしていく。その結果成果が上がり、自分らしさを発揮すること自体が強みとなり、やがてはその力の発揮が周囲から期待される人材へとなっていく。

これが、強みを育て、活かすことです。イメージできたでしょうか。

もし、私が自分の弱みにばかり意識を向けてしまったり、上司から弱みを指摘され続けたり、強みを活かすことを不要とする声に影響されてしまったりしていたとしたら、現在の私はなかったでしょう。

「自分は◯◯さんのように次々と仕事を処理することはできないな。どうしてもっと頑張れないんだろう……」

「誰のためとか理屈を言ってないで、さっさと始めなよ。仕事なんだから！」

「いちいち資料を変えなくていいよ、去年と同じでいいじゃん。そんなところ頑張らなくたっていいよ」

このような内外の声に振り回されてしまっていたら、私はなかなか成果が出せず、**周囲の都合に合わせ続け、無理を重ねる自分に自信を持つことなどできなかった**だろうと思うのです。

自分らしさを強みと信じ、活かしていく。

これは、あなた自身にしかできないことです。

自分に目を向け、素晴らしい強みを見つけていきましょう。

自分自身を見つめ、うまくできたことを洗い出す

思い出し・捉え直し・掘り起こしで「うまくできた」を見つける

自分らしさを認めて磨いて、強みに育てるために、最初にやるべきことは、自分で自分の「うまくできた」を見つけていくことです。

「うまくできた」を見つける作業はとても楽しいものですが、慣れないうちはなかなか難しいものでもあります。なぜなら、「うまくできなかった」ときは、急に流れが止まったり、別の対応が必要になったり、他の人の助けが必要になったりするために記憶に残りやすいのですが、「うまくできた」ときは、とてもスムーズに事が進んで

しまうために、かえって思い出せないことが多いのです。

「うまくできた」を上手に見つけるためには、①思い出し、②捉え直し、③掘り起こしをしていきましょう。

「①思い出し」とは、**自分のやり方がうまく通用して結果に結びついたことを再認識すること**です。見つけ方が上手になってくれば、この時点で数多くの「うまくできた」が見つかるようになってきます。

簡単に思い出せない人は、「②捉え直し」に挑戦してみてください。捉え直しとは、自分の感覚的には**「普通にやっただけ」「誰にでもできること」と感じるようなことを「うまくできたこと」として捉え直す**ことです。自分にとって得意なことであればあるほど「普通に」できてしまうため、あえてそれを見つけて捉え直す作業になります。

少しずつでも捉え直しができるようになってきたら、どんどん「③掘り起こし」をしていきましょう。これまでの日常を振り返りながら、**「これって、実は自分の強みが活きたやり方だったのかも」**と記憶を掘り起こしていきます。

自分では「別に大したことしてないしな……」と思うことの中にこそ、あなたの強みが発揮された場面があります。わくわくしながら「うまくできた」を見つけていきましょう。

「うまくできた」ことを書き出し、自分の得意パターンを見つける

さあ、それでは「うまくできた」ことの洗い出しをはじめましょう。

3つの視点（「行動・事実」「感情・想い」「思考・理解」）を切り口として、仕事を前に進ませたことや、チームに貢献したこと、議論の深まりや視野の拡大に貢献したことなどを思い出して書き出していきます。次のような問いかけを自分に向けてみるのもよいと思います。

・自分がちょっと動いて処理したことで、**上司や地域の人から理解を得られた**

ことがあったのではないか？

・例年と同じ業務について、あらかじめ作業時間を確保しておくことで、**早めに処理を終わらせることができた**のではないか？

・事務連絡だけでは伝わらない細かなニュアンスについて、メール本文や電話で相手に伝える。そのひと手間をかけたことで、**誤解や行き違いを防いだ**場面があったのではないか？

・職場の同僚が頑張っていることにいち早く気がついて話題にし、**仲間の頑張りがチームに認識されることに貢献した**ことがあったのではないか？

・面倒がらずに資料を調べたことで、**今回の対応方法に活かすことができた**のではないか？

・自分の知っている情報をシェアしたり、要点をまとめる発言をしたりしたことで、**議論を前に進ませた**ことがあったのではないか？

どうしても「できたこと」が浮かばない場合には、周囲に対して自分の感情が動いた瞬間を思い出してみてください。

「結局やらないといけないのだから、早くはじめようよ」
「もうちょっと丁寧に説明してほしかったな」
「わかりにくいなあ、要点はなんだろう」

このように、**「こうしたらいいのに」「こうしてほしかった」などの感情を抱いたところは、あなたが大切にしているポイント**でもあり、そのポイントこそが、あなたが普段工夫を重ねているところでもあります。

「うまくできたこと」を書き出していくと、やがてそこに自分らしいパターンがあることに気づくはずです。今の自分にとっての得意パターンを発見する。これは、強みを発揮して、自分らしく活き活きと働く職員となるための大きな一歩です。オリジナルの得意パターンを、ぜひ見つけ出してみてください。

自分を見つめるための「自分だけの祝日」

「うまくできた」を見つけていくためには、時間を確保することも大切です。はじめはこまめに、慣れてきたら**1か月に1回を目安に時間をつくる**とよいでしょう。

日々のタスク処理に追われるがまま、次にやらなければいけないことばかりに目を奪われていると、自分がどんなやり方を駆使してこの1か月を乗り越えたかなんてことは、頭の片隅にも残らなくなってしまいます。

気がかりなタスクの山を一度頭の中から追い出して肩の力を抜き、**日々の中に埋れがちな「うまくできた」を見つけ出す時間は、あなたを確実に成長させてくれる**ものとなります。

自分を見つめる時間を持てるようになると、このまま目の前のタスクに溺れて消耗し、強みを発揮できない職員で居続けるよりも、時折リフレッシュしながら元気よく強みで勝負できる職員へと成長していくほうが、組織にとっても、自分自身にとっても、よっぽど重要なことだと気づくことができるはずです。将来大きな力を発揮できる職員へと自分自身を成長させていくことは、あなた自身にしかできないことです。

ちなみに、私は残業も土日出勤もかなり多い職場を渡り歩いてきましたが、それでも途中から1~2か月に1回は、「自分だけの祝日」を決めて予定表に赤丸を入れ、休暇を取得していました。はじめは「休みの日ぐらい仕事から解放されたいから、仕事のことを考えるのは嫌だな」と思っていたのですが、考えるのは仕事のことではなくて自分のことだと気づき、効果の素晴らしさを実感してからは、この1日が手放せなくなりました。

自分のことを放ったらかしにしていては、成長角度を上げていくことなどできません。はじめは短い時間しか確保できなかったとしてもかまいません。自分の「うまくできた」を見つける時間を必ず確保していきましょう。

公務員が陥りがちな「万能主義」に注意する

「完璧」と「万能」は似て非なるもの

自分の強みを活かしていく上で、注意してほしいのが「完璧」という言葉です。

公務員の仕事は、幅広い意見を尊重して調整を重ねながら進めていくことが求められます。さまざまな立場や視点からチェックされることも多く、慎重さと丁寧さが必要です。その意味から、より完璧を求められる仕事だといえます。

人を支え、まちを支える公務員の仕事として完璧を目指すことは素晴らしいことです。しかし、**組織として「完璧な仕事を追求すること」と、1人で何でもで**

きる「万能な公務員を目指すこと」は違います。

頭の中ではわかっているつもりなのに、完璧な仕事を追求していくうちに、いつの間にか、万能な公務員を目指してしまっている職員に出会うことが、これまでに少なからずありました。これは公務員に強く出やすい傾向といえるのかもしれません。

万能な人なんて、どこにもいない

どんな仕事のやり方でもできるようになろうと、万能職員を目指してしまうと、自分の得意でないやり方を克服しよう、何とかしようと無理な力がかかってしまいます。自分の強みを放ったらかしにして弱みの克服に走ってしまう状態です。

ユニークな話題を振りまきながら話す人を見ては、「自分はあんな上手に話ができない」と落ち込む。きれいなグラフの入った資料を見ては、「自分は全くデータ活用ができていない」と凹む。住民から何度も感謝されている人を見ては、「自分は人にやさしくできない」と自己嫌悪に陥る。

これでは自分らしさに磨きをかけるどころか、自分の仕事のやり方そのものにすら自信が持てなくなってしまいます。他人の得意なところを参考に、真似できそうなところを吸収していくのはかまいません。しかし、**いつまでも他人の得意を追いかけることは、とてももったいないこと**です。

万能な職員というものは存在しません。そして、一番に注目すべきは自分自身であり、自分の強みです。仕事のやり方に万能を求めることは手離して、まずは自分らしいやり方で成果を出せる人を目指していきましょう。

自分を許すと、他人も許せるようになる

苦手なことも認識した上で、強みに注力する

自分の強みを活かし、成果を上げていくためには、自分の苦手なことを認め、受け入れることも大切です。

「行動・事実」視点が特に強い人は、理念や仕組み化などを議題とした抽象的な議論には意欲が湧かないかもしれません。

また、「感情・想い」視点が特に強い人は、データを駆使して作業をひたすら効率化していくことには心が動かないかもしれません。

そして、「思考・理解」視点が特に強い人は、仕事のやり方や仕組みを変えることで影響を受ける人が抱く想いには気づきにくいかもしれません。

このような苦手なこと、不得意なことに対しては、見て見ぬふりをするのも、一方的に「そんなの無駄だ」といって切り捨てるのも禁物です。**「自分は、この視点が弱いんだな」としっかり認識した上で、そんな自分を受け入れていく**ことが必要です。

苦手なこともある自分を認めて受け入れ、その上で強みに注力する。そのことが、あなたの器をひとまわり大きくしてくれるのです。

許すと気づく、1人ひとりのユニークさ

自分の苦手を受け入れ、許せるようになると、不思議と、他の人がそれぞれ持っている「苦手な部分」も許容できるようになってきます。1人ひとりが持つユニークさ。そのおもしろさにも気づいていきましょう。

「私のここは得意で強みだけれど、こっちは苦手だな」

そうやって自分を冷静に、多面的に捉えられるようになると、周りの人のことも多面的に見えるようになってきます。

「あの人はすごい」「なぜ、この人は○○ができないんだろう」といった一面的な見方から、「あの人、○○はすごいけれど、意外と□□は得意じゃなさそうだ」「この人は○○は苦手そうだけれど、実は□□にすごい強みがあるな」といった多面的な見方へと変わってくるのです。

得意なことが1人ひとり異なるように、人はみな、それぞれ不得意なことも持っています。得意も不得意も、どちらもその人の個性として許容できるようになってくると、あらためて**「職場とは、さまざまな得意と不得意が混在した場所なんだな」**と腑に落ちるようになってきます。

少し大げさな表現をすれば、業務に追われ、業務でしか仕事を見ていなかったときには、モノクロで濃淡の違いくらいしか感じられなかった職場が、1人ひとりのユニークさに気づくことで、色とりどりの絵具がのったパレットのように感じられるようになります。そのくらいのインパクトのある気づきを得ることができるのです。

比較の息苦しさから自由になろう

1人ひとりのユニークさに気づいたら、**他人と自分や、他人同士を比較することの無意味さ**にも気づいていきましょう。

「彼は『行動・事実』の視点から仕事をするのが得意なようだけれど、それをもっと発揮してもいいと思うな」

「彼女は『感情・想い』の視点に強みがあるけれど、つい自分のことを後回しにしてしまっているように見えるから、ちょっともったいないかもしれないぞ」

「彼は『思考・理解』の視点を持っていて鋭いな。今度アドバイスをもらってみようかな」

このように、その人の強みの発揮レベルを見ていくことはできます。しかし、「行動・事実」視点の強い彼と、「感情・想い」視点の強い彼女のどちらが優れているか、という比較はできないのです。

仕事を進めていく上で、場面によって強みが発揮しやすかったり、発揮しづらかったりすることはありますが、一場面だけを切り取って比較しても意味はありません。同じように、自分についても、他人と比較する必要はありません。比較の息苦しさから自由になれたときの解放感は、とても気持ちがよいものです。あなたもぜひ、味わってみてください。

「ここは自分の頑張るところ」と思ったら、思い切り飛び込む

自分が頑張るところを、探して見つけて挑戦する

さあ、具体的な行動を起こして、自分らしさを磨き、強みへと育てていきましょう。自分の得意を磨けば成長角度が変わってきます。何よりも大事なことは、自分を信じて挑戦すること、試行錯誤を続けることです。

●「行動・事実」視点が強い人：具体化と完了の循環を生み出す

仕事を具体的な行動に落とし込み、確実に完了させていきましょう。

抽象的な議論が続く会議や打ち合わせを現実的な結論へと導いたり、不明瞭な指示に対して自分から確認して業務範囲を明確にしたりしましょう。また、トラブル対応の際に、まず取り組むべきことを明確に伝えて周囲を安心させ、解決に向けて一緒に動き出しましょう。

こういったことを、伝え方も工夫しながら挑戦してみてください。自分にも職場にも、具体化と完了の循環を生み出していくのです。「結果を求めるのは当たり前」「やるべきことを頑張るのは当然のこと」「抽象論じゃ仕事にならない」といった、自分にとっての当たり前をちょっとゆるめて、代わりに**結果を出すことの快適さや喜び**といった、あなたの感じる仕事の魅力を周囲に伝えていきましょう。

●「感情・想い」視点が強い人：職場につながりを生み出す

仲間が意欲的に仕事に取り組む環境づくりに貢献して、チーム力の向上に挑戦していきましょう。

担当業務を超えたプロジェクトでも、人の役に立つ仕事と思えるものには手を挙げてみてください。職場の仲間に自分から声をかけていくこと、仲間の困っていることにいち早く気づいて協力体制を敷いていくこと、取り組む仕事が誰の役に立っているのかを伝えて後輩を動機づけていくこと。こういったことに積極的に挑戦していきましょう。

仲間の相談を聞いたり、自分からも相談したりしながら、職場につながりを生み出していくのです。締切やパソコンとばかりにらめっこしている仲間の力みをほぐしながら、**仕事の先には必ず人の存在があり、そこには感情がある**ということを伝えていきましょう。

●「思考・理解」視点が強い人：役立つ仕組みをつくり出す

業務の効率化や新たな仕組みづくりに挑戦していきましょう。

情報を集めたり学びに行ったりして知り得たことを仲間へ提供していく。業務を俯瞰して改善点を見出し提案していく。また、仕事を楽しくするためのユニークなアイデアを生み出していく。こういったことにも積極的に挑戦していきましょう。

立ち止まって考える時間を確保する代わりに精度の高さを追求し、自分が異動した後にも残る、役立つ仕組みをつくり出していくのです。

「なぜ、それをやる必要があるのか」「それをやって何の意味があるのか」といったこだわりのネジをちょっとゆるめて、豊かな思考のプロセスを開示しながら、**考えることがどれだけ役立つものなのか、**その魅力を周囲にも伝えていきましょう。

自分の強みを信じて活かして、成果を出す

自分の視点の強みを意識しながら挑戦を続けていくと、日常の中で、「想像していたよりも簡単に結果が出せたぞ」と思う場面や、逆に「思ったほどうまくいかなかったな」と感じる場面が増えてきます。

つまり、知らず知らずのうちに、あなたは自分の強みを活かすための仮説検証を繰り返しているのです。

・ここはこだわってみよう
・こだわりを相手に伝えてみよう
・こだわりをゆるめてみよう

そうやって仕事のやり方に自分の意思や意図が入ることで、どんどん工夫が重なり、精度が上がっていきます。自分の強みは成長角度を上げやすく、成果も出しやすいので、仮説検証を繰り返し、工夫を重ねることで、確実に自分らしさを仕事の成果へとつなげることができるようになっていきます。

自分の強みを活かして成果を上げ、チームへ貢献する。

このことを繰り返していくと、あなたの強みはますます磨かれます。そして、あなたの強みがチームにとって欠かせなくなっていくのです。

苦手なことは素直に認め、周りに助けを求める

頼ることで、相手の強みを引き出す

自分の強みをより一層発揮していくためには、自分の視点の弱いところを素直に認めた上で、他者に頼る力を磨いていくことも、忘れてはいけません。

自分の得意な視点を活かせるようになってくると、自分らしいやり方で結果を出すコツがつかめるようになってきます。しかし、ときには自分の視点の弱さに苦労することも出てくるものです。

「行動・事実」視点に強い人が、理念を描かなければならなくなったり、「感情・想い」

視点に強い人が、有益なデータのありかを見つけられず苦労したり、「思考・理解」視点に強い人が、感情に訴えることが効果的な場面で説明する必要が出てきたり。
公務員には責任感の強い人が多く、苦手なことでも周りに迷惑をかけまいと1人で頑張ろうとしがちです。しかし、視点の弱いところは勘の働かないところ。どう頑張っても苦手は苦手のままなのです。

自分の視点の弱いところが必要とされたときは、できるだけ早い段階で周囲の仲間に助けを求めましょう。相手の強みを見極め、その力を借りるのです。

「君の得意なことについて、ちょっと助けてほしいのだけれど」

その一言を、力まず自然と言えるようになっていきましょう。
仲間の強みを頼るということは、相手にとってみれば、自分の強みを発揮するチャンスでもあるのです。
お互いに強みを引き出し合い、発揮し合う職場となるために、勇気を出して弱さを認め、頼っていきましょう。

強みの影にも弱みがある

実は、自分の視点の強いところにも弱みが隠れています。

強みの使いすぎや、視点へのこだわりすぎがそれにあたります。むしろこちらのほうがコントロールしづらいかもしれませんので、注意が必要です。

「行動・事実」視点の強い人が、**頼るより抱えてしまったほうが楽だからとタスクの山に埋れてしまう**ケースはよくあります。

「感情・想い」視点の強い人が、**相手の気持ちが理解できるがゆえに、つい相手の問題まで自分事のように受け止めてしまう**こともあるでしょう。

「思考・理解」視点の強い人が、**根拠にこだわるあまり、資料作成に歯止めがかからなくなってしまう**場合もあります。

こだわればこだわるほどに視野は狭くなり、自分の視点からしか物事が捉えられなくなってしまいます。

そんなときにあなたを救ってくれるのは、仲間のアドバイス、あるいはその様子です。

もし、仲間から「ちょっとやりすぎだよ」といった一言がもらえたときは、ありがたく受け取りましょう。

また、仲間の様子から、「あれ、なんか自分1人で突っ込みすぎかな」と感じたら、ちょっと深呼吸をしてみましょう。

あなたの強みは、あなた自身や、周りの仲間たちが活き活きと働くために活かすものです。疲弊するほど使いすぎたり、こだわりすぎたりしてしまわないように、気をつけましょう。

異動先でも強みを発揮し続ける

成功体験が可視化されれば、あなたの強みが認知される

自分の「うまくできた」を見つけ、万能主義を手離し、比較の息苦しさから自由になることであなたが手に入れるもの。それは数多くの成功体験です。

正確に言えば、今までも日々の中に存在していた成功体験が、見えるようになってきます。

見えてくればしめたもの。そこに自分なりの工夫を凝らすことができるようになり、さらに多くの成功体験を積み重ねることができるようになっていきます。

やがて、大切に育てた強みが周囲にも認知されるようになってくると、あなたの活躍の場は一気に広がりを見せていくことでしょう。

「〇〇さんなら、きっとこういうやり方で状況を改善してくれるに違いない」と周囲から強みの発揮が期待され、その期待に応えていくことで信頼を得て、強みで貢献できる人になっていくのです。

自分の強みを発揮し、強みで周囲に貢献し、そして感謝される職員になる。

必ずその日はやってきます。

自分を信じて前に進んでいきましょう。

「何をやるか」よりも「どのようにやるか」

公務員の仕事には、異動がつきものです。

それまでと全く分野の異なる部署へと異動することも少なくないため、つい異動のたびに一喜一憂してしまいがちです。しかし、自分の得意なやり方を磨き、そこを強みに育てている人は、異動の有無に関係なく自分の強みを発揮し続けていきます。

「何をやるか」に意識が向いていると、「せっかく税の知識を身につけたのに、次の部署では役に立たないじゃないか」「広報の仕事で成果を出していたのに、なんで自分が異動になってしまうのか」と、まるで自分が強制的にリセットされてしまうかのように感じてしまうこともあるでしょう。

これでは異動のたびにモチベーションが大きく上下してしまい、職場で実力を発揮していくことも難しくなってしまうかもしれません。

一方で、「やり方」、つまり「どのようにやるか」に意識を向け、それを強みとして活かしている人は、どの部署に異動になったとしても、自分の活躍の場を見出していきます。**知識を整理してまとめることが得意なら、はたまた人の心に響く表現方法が得意なら、それを新たな職場で発揮し、さらに成功体験を積み上げていく**のです。

異動先でも自分の得意なやり方を発揮して仲間に貢献し、成果を出していけば、いずれ部署を超え、組織の外からもあなたの強みが必要とされるようになってきます。「あなたの強みが必要」「うちの部署で強みを発揮してほしい」と期待され、求められた上での異動すら起こる可能性が出てくるのです。

自分の持つ視点の強さ。その傾向を把握し、強みになるよう磨いていきましょう。あなたらしさを発揮して活き活きと働く先には、必ず活躍の場が待っています。

強みで結果を出す人は、どこにいても必要とされる

ちなみに、私は公務員として20年以上勤務したのちに独立し、現在は1on1コーチングや研修等でさまざまな人と出会ったり、企業や団体などの組織に関わったりしています。

私が日々の仕事を通じて感じているところで言えば、業種や職種によって求められる成果に違いはあるものの、どのような仕事であっても自分の強みを磨いて活かすと

いう点において違いは見られません。

公か民かにかかわらず、やはり自分を適切に理解し活かせる人が成果を出しているというのが実感です。

自治体であっても、民間企業であっても、組織の中で仲間と分業しながら、1人では為し得ない大きな成果を上げるべく活動していくことに変わりはないと言えるでしょう。

チームの中でどう自分を活かし、強みで周囲に貢献をしていくのか。ここに注力し結果を出している人は、どこにいても必要とされる、組織にとって大切な存在なのです。

COLUMN 2

担当業務と強みの相性

Question

今担当している業務（求められる役割）では、
自分の強みが発揮できないと感じています。

Advice

担当業務や役割によって、強みの発揮がしづらいことはたしかにあるかもしれません。これには２つのことをお伝えしておきます。

１つは、それでも自分の強みを活かし続けてほしいということです。あなた自身の強みを磨き育てることは、他の人にはできないことです。それを自分があきらめてしまったら、そこから先へは一歩も進むことができなくなってしまいます。

今は周囲から強みの発揮を求められていないかもしれない。それでも自分を応援し、小さなことでも工夫し続けてください。

もう１つは、強みを発揮する前から強みに集中できる環境を要求しても、それは難しいということです。周囲にあなたの強みが認知され、強みの発揮を期待されるようになるまでには、少し時間がかかります。何よりもまず、あなた自身が自分の強みを信じること、強みを発揮し貢献すること。その先に、強みを存分に発揮できる環境がきっとあなたを待っています。

CHAPTER

3

組織の中でも外でも、強みを活かす

――自治体の現場で強みを発揮する

会議で見える、視点の違いとその活かし方

多様な意見は大事だけれど…

仕事をしていると、議論が噛み合わなかったり、想定から遠く離れたポイントの議論に終始してしまったりする会議に遭遇することがあります。

これを解決することにも、強みの視点の理解が役に立ちます。

視点の違いが強く出る会議には、たとえば次のようなものがあります。

❶ 具体と抽象のすれ違い

会議を主催する事務局が、「今日は方針について議論を進め、目指すべき方向性を決めていきたいと思います」と伝え、抽象度の高い議論を期待したのに、**「資料に具体的なことが書いてないじゃないか。こんな宙に浮いた議論をしていても意味がない！」**という強い意見が出て進行が止まってしまった。

❷ 細部と全体のすれ違い

新しいシステムを導入するにあたって、部全体で優先すべき機能を決めていきたいのに、**「私の業務の○○が不便だから解消してほしい」**などと個別の要望ばかりが出てしまって、なかなか議論が進まない。

❸ タスクと感情のすれ違い

業務の改善に向けてチェック項目を整理したいのに、**「それ、全部私たちがやるんですか？　私たちの気持ちも少しは考えてください！」**と感情論が出てしまって冷静な議論ができなくなってしまった。

会議の場に多様な意見が出ることは、とても大切です。しかし、多様な意見を実りある議論へとつなげていくためには、強みの視点から発せられる意見のぶつかり合いやすれ違いを整理しながら進める力が必要になります。

強みが違えば視点が違う。違いを理解し整理する

3つの強みの視点から、その人らしさを理解し、互いがこだわるポイントを理解することで、実りある議論へと導くことができるようになっていきます。

・私は「感情・想い」視点が強いから、**仕事は人あってこそのものだという気持ちが強い。**誰が喜ぶのか、誰のためになるのかをちゃんと議論したいんだ。

・彼は**「具体性が弱い！」「要は何をやるんだ?」という発言が多いな。**「行

動・事実」視点が強いのかもしれない。
・彼女は**アイデアを話すときが一番楽しそうだ。**いろいろ工夫したい人なんだろう。「思考・理解」視点が強いのかもしれないな。

このように、あなた自身の、そして周囲の人の、こだわるポイント（視点の強み）を理解していきましょう。

視点が極端に偏る人ばかりではないので、1つの視点に閉じ込めてしまうのではなく、「比較的〇〇の視点が強そうだな」くらいの認識にとどめ、**認識を改める余地を常に残しておく**のがおすすめです。

強みの視点から相手を見ることで、「彼はこの視点が強そうだな。だからここにこだわるのか」というように、発言の意図を理解できるようになっていきます。自分の強みの視点を理解し、相手の強みも理解すれば、意見の違いに慌てることなく、落ち着いて整理する力がついていきます。

違いを指摘し合う会議から、違いで補完し合う会議へ

視点の違いによるこだわりポイントを理解したら、積極的に会議に貢献していきましょう。

参加する会議は、どこに力点が置かれているでしょうか。

大きな方針や方向性について、あるいは広く全体的な議論をしたいのでしょうか。それとも具体的な事業や取組みを詰めていきたいのでしょうか。幅広くアイデアを出し合いたい会議もあるでしょう。協力体制をつくっていきたいのかもしれません。主催者の視点や意図を理解しながら、自分の意見をまとめていきます。

そして、主催者の意図を尊重して会議の進行に協力したり、自分の強みの視点から発言して議論を活性化したり、視点のすれ違いの整理を提案したりと、異なる視点・意見も尊重しつつ、実りある議論の実現に積極的に協力していきましょう。

同じ会議に出席し、同じ資料を見ていても、人はそれぞれ違う視点から物事を見て

います。そして強みの視点から発せられる意見は、どれも鋭く、説得力があるものです。しかし、いくら個々の意見が有益であったとしても、それが会議を前に進ませるものなのか、そうでないのかによって、その必要性や重要度は大きく変わってしまうのです。

強みだからこそ、気づく。強みだからこそ、こだわりたくなる。

強みの違いを受け入れつつ、議論を前に進ませていく力をつけていきましょう。

窓口対応は、相手の関心を聴き取ることから

用件と一緒に、相手の強みの視点を聴き取っていく

自治体の窓口を訪れる住民や事業者の用件は、証明書の発行など事務手続きのみで終わるものだけでなく、相談や苦情、意見や提案といったものも数多くあります。相談等でやってくる人々は、用件の処理だけを目的に来るわけではありません。**窓口で理解され、安心し、自治体が信頼できる存在であることを感じたい**のです。これに応えるためにも、相手の関心、つまり、相手が持つ強みの視点を聴き取っていきましょう。

窓口では話を聴きながら、用件とともに、相手の持つ強みの視点（「行動・事実」「感情・想い」「思考・理解」）を聴き取っていきます。自分の視点をちょっとゆるめて、相手の視点に紐づく関心の在りかに意識を向けてみてください。

自分とこだわるポイントが違うと、理解しづらい部分もあるかもしれません。それでも大丈夫です。相手の関心がどのあたりにあるのか、落ち着いてつかんでいきましょう。

「理解された」感覚が安心を生み、信頼を構築する

あなたが相手の強みの視点に気づき、用件とともに関心の在りかを聴き取っていくと、相手は「理解された」と感じます。

相談者本人の内に秘めた気持ち、苦情を言う人の感情や正義感、意見や提案をしてきた人のアイデアや意図。こういったものをあなたが聴き取ることにより、相手は安心を感じ、あなたを「信頼のできる人」だと認識するようになっていき

ます。

常連さんならともかく、多くの人は「自分の言いたいことがちゃんと伝わるだろうか」「冷たい態度を取られたら嫌だな」「自分の主張は通せるのだろうか」などと、不安を抱えながら来庁します。緊張して、力も入っているでしょう。

慣れないうちは、あなた自身も緊張しているかもしれません。でも、相手はもっと緊張しています。深呼吸をして心を整えたら、用件の背景にある強みの視点を受け止めていきましょう。これが相手の緊張をほぐすことにつながっていきます。

しっかりとミットを構えて、用件とともに強みの視点をキャッチする。そうして相手から信頼を勝ち得ることができれば、今度は相手もあなたの言葉に耳を傾けてくれるようになるでしょう。

自分らしい接遇の型を手に入れる

話を聴いた後の対応は、あなたらしさを発揮するところです。

用件を処理するという結果は同じでも、相手に対するアプローチの仕方については工夫をしていきましょう。窓口対応にも、強みを活かしていくのです。話を聴いたら、用件とともに受け止めたことを言葉にします。その後に、自分の強みを活かしたアプローチをしていくのです。

具体的な行動で応えて満足を得るのか、感情を丁寧に扱って心を通じ合わせるのか、仕組みや背景を丁寧に伝えて理解を得ていくのか。

ここは慌てずに、そして焦らずに。順を追って進めてください。

「ご用件をおうかがいしました。そして、お話を聴く中で、**今大変な悩みを抱えていらっしゃることもわかりました**（相手の「感情・想い」）。お力になれるように、**私が責任を持って本日〇〇まで対応します。**その後の段取りも組みますので、ご安心ください（自分の「行動・事実」）」

「厳しいご意見を頂戴いたしました。**今の私どものやり方を改めるべきだとの**

ご意見ですね（相手の「思考・理解」）。ご不便をおかけしてしまったことについて心苦しく感じております。これには理由がございまして、**お気持ちに添い切れない部分も生じてしまうのですが**、少し説明のお時間をいただけますでしょうか（自分の「感情・想い」）」

「ご用件とともに、**かなりご不満をお持ちだということも理解いたしました**（相手の「感情・想い」）。今の制度の中で、私ども自治体ができる範囲は限られており、すべてにお応えすることはできないのですが、**まずはこの制度の仕組みをご説明して、そして自治体としてお応えできることをお伝えしたい**と存じますが、よろしいでしょうか（自分の「思考・理解」）」

「ご用件をおうかがいしました。**具体的な解決策の提示をご希望されている**と思いますので（相手の「行動・事実」）、**今日私が対応できることと、当課でできることをお示しし、その後必要があれば制度のご説明**をいたします（自分の「行動・事実」）」

慣れないうちは上手くいかないときがあるかもしれません。それでもめげずに、自分らしい接遇の型を手に入れていきましょう。

相手の強みの視点を理解し受け止め、自分の強みを活かして応えていく。互いの強みをあえて意識することで、接遇の型が出来上がっていきます。窓口でも、自分の強みを存分に発揮できる職員を目指していきましょう。

地域に出向くときも、自分らしさを発揮する

住民からの強い意見も、まずは関心を聴き取ることから

普段から地域活動を行っている住民の方と話をしていると、とても強い意見が飛んでくることがあります。鋭い意見にどきっとすることも多いものですが、やることは窓口対応と同じです。用件とともに、相手の関心の在りか（強みの視点）を聴き取ることが大切です。

以前、地域のコミュニティ活動団体の代表者会議で、こんなことがありました。新しく募金を募ることになり、他課の職員が来てやり方を説明し、協力依頼をしたとき

のことです。

説明に来た職員は、「難しいことを頼んでいるわけでもないし、良いことをしようとしているのだから、協力してくれるだろう」と、少し安易に考えていたようです。

しかし、地域の方々からは厳しい意見が噴出しました。

「それは一体どういう経緯でやることになったんだ？」

「私たちだって忙しいんですよ。そんな簡単になんでも押しつけないでください！」

集まっていた方々は、各地域の代表です。**この会議が終わったら地域に帰り、今度は自分が説明をしなければならない立場**になります。そのため、彼らが地域に帰って説明しやすいように、彼らの視点を聴き取り、それに合わせた説明をすることが求められていたのです。

落ち着いて、相手の関心の在りかを聴いていくと、その背景にある物事が見えてきます。地域住民の方々と、同じ方向を向いてまちづくりを進めていくためにも、強みの視点を大切に聴き取っていきましょう。

説明は、自分の強みを存分に発揮する

地域住民が集まる場所に出て行って説明をするときは、つい正しく説明することばかりに意識を向けてしまいがちです。しかし、ここでも自分らしさを発揮していきましょう。

自分の強みの視点を活かすことで、あなたの表情にも、使う言葉にも、あなたの意思が宿ってきます。これは必ず相手に伝わります。伝わることで、信頼や共感、納得感を引き出すことができるのです。

・この人は、準備でここまで動いてくれたんだな
・これから具体的に何をやればいいのかがよくわかった
・一緒に地域を盛り上げたい気持ちが伝わってきた
・地域活動が大変だってことを、ちゃんとわかってくれている人だ

・よく考えられたイベントだな
・背景も説明してくれたから、全体的なことがよくわかった

「こんなことは（自分にとって）当たり前のことだからわざわざ言わなくても」と、つい説明を省略してしまっていることはありませんか？　より良い仕事にしようと、あなた自身がこだわったところ、頑張ったところ、工夫したところがきっとあるはずです。地域住民とともに進める仕事は仕組みや理屈だけではなかなか動きません。正確に伝えよう、説明しようと準備するのと同じくらい、頑張りや想いなどを伝えていくことも大切にしてください。強みの視点をヒントにしながら、あなたらしさを積極的に表現していきましょう。

「らしさ」の相互理解で、地域がぐっと近くなる

地域活動に関わっている住民の中には、何年にもわたって長く活動を続けてきた人

が多くいます。彼らの持つこだわりや熱い想いを、強みの視点をヒントにしながら聴き取り、そしてあなた自身のこだわりや想いを伝えていく。そうやってお互いの理解が深まることで、仕事がぐっと進めやすくなっていきます。

職場にいると、資料作成など書類を扱う時間が1日の大半を占めてしまうこともめずらしくありません。しかし、ひとたび地域に出向けば、そこでは人との対話が仕事の中心です。

あなたが、何を大切に、どんな想いを持ってこの仕事を進めていきたいのか。

あなたらしさを相手に伝えていくことで、あなたという「人」が地域に理解され、地域の「人」との信頼につながっていくのです。

強みの視点から自分の価値観やこだわりを理解したら、それを活かして地域住民との信頼を築いていきましょう。

正解よりも、論破よりも、誠実さを大切にする

公務員にとって最も大切なことは、信頼できる人であること

公務員として誠実に働き、仕組みをつくり、住民と協力してまちづくりを進めていくために最も大切なことは、信頼です。

公務員という身分だけですでに高い信頼を得ているわけですが、あなたが個人としても信頼される存在になっていくために、2つのことを手離していきましょう。その2つとは、**「即答にこだわってしまうこと」**、そして、**「正論で論破してしまうこと」**です。

信頼を構築していくにあたっては、住民が「この人（職員）は私のことを理解してくれている」と感じられるかどうかがとても重要です。真面目に仕事に取り組もうと思えば思うほど、相手の問いや意見に早く、正しく対応したい気持ちが強くなってしまうものですが、**まず先に相手を理解することが大切**なのだということを、忘れないようにしてください。

公務員が手がける仕事の範囲はとても広く、そして細分化されています。加えて数年ごとの人事異動もあって、常に正解を用意しておくことは容易ではありません。即答することに過度に囚われるよりも、まずは丁寧に相手の話を聴きましょう。落ち着いて聴き、用件と関心の在りかを受け取ったことを相手に伝えてから、次の行動を起こせばいいのです。

相手の中に「理解された」という感覚があれば、「少し調べてからお返事します」というあなたの返答にも、快く首を縦に振ってくれることでしょう。

もう1つ、正論で論破してしまうことにも注意が必要です。

住民から寄せられる要望の中には、それを聞いた瞬間に「対応できない」とわかってしまうものもあります。法律や規則などで決められたルールを逸脱してしまう場合、あるいは予算上すぐには対応できない場合もあるでしょう。こうしたときにやってしまいがちなことが、正論による論破です。自分たちが持っている情報や知識を使って、できない理由を並べ立ててしまうのです。

たしかに正しい理由は伝えられるのかもしれません。しかし、**相手は「理解された」感覚がないままに、正論を並べられてしまうことで、負の感情ばかりが募ってしまいます。**

その結果、あなたの正論は受け入れられずに、「あの人はわかってくれない」「行政の都合ばかり言う」「他の人に聞いてみよう」と、かえって状況がこじれてしまうのです。これでは信頼が遠ざかっていってしまいます。

信頼を得るためには、何よりもまず相手に対する理解が必要です。そして理解すべきは、用件と関心の在りかです。**関心は、強みの視点からくる価値観やこだわりに紐づいています。**ぜひ興味を持って、相手の強みを聴き取っていきましょう。

自分らしさを活かして住民、地域に貢献する

同じような仕事をしていても、その人らしさは出るものです。

自分らしさを正しく理解した上で、強みを相手への貢献に活かしている人は、**個性を信頼へとつなげていくことができる人**です。

これは電化製品を買うために、家電量販店に行ったときのことを思い浮かべてみるとわかりやすいかもしれません。

どの製品が良いのかわからずに頼った店員が魅力的だったときには、うれしい気持ちになりますし、「良い買い物ができた」という満足感も高くなって、また次もあの店員に相談してみようと思うものです。

このような魅力ある店員は、客の用件と関心を丁寧に聴くことに加えて、その人ら

しさが溢れている点もその魅力です。

・具体的な使用方法を丁寧に聴き取りながら最適な機種を提案してくれる人
・荷物を持ち運びやすいように梱包してくれて、最後まで気遣いのある人
・機能の違いをわかりやすく説明してくれて、こちらが選ぶのをサポートしてくれる人

魅力的な店員が自分らしさを活かしているように、公務員にも自分らしさを活かして住民、地域に貢献することが大切なのです。

日々の業務に追われているとつい忘れてしまいがちになりますが、自分らしい貢献の仕方、信頼を得る方法を見つけていきましょう。

「苦手な人はいても嫌いな人はいない」を目指す

視点が違えば、お互いの「当たり前」も違ってくる

自分には自分の「らしさ」があり、相手には相手の「らしさ」がある。その違いを「行動・事実」「感情・想い」「思考・理解」の視点から具体的に理解していくことの一番の効用は、心の落ち着きと言えるかもしれません。

「あの人は、どうしてあんなことを言うのだろう」
「この人は、なぜこんなにもこだわるのだろう」

「あの人は、なんでわかってくれないのだろう」
「この人は、なぜ動いてくれないのだろう」

日々、心に宿る「なぜ？」によって、私たちの心はざわつき、ときには怒りで冷静さを失ったり、落ち込んだり、悲しくなったりしてしまいます。こういった心の揺れは、私たちのパフォーマンスにも少なからず影響を与えています。

自分の視点にも偏りがあって、相手の視点にも偏りがある。この事実が具体的に見えるようになってくると、「そうか、当たり前が違うんだな」と、落ち着いて「なぜ？」を受け止められるようになってきます。

そうやって**違いが腑に落ちるようになってくると、相手の主張を聴く心のゆとりも出てきて、違いを前提に調整を図ることもできる**ようになっていきます。

違いが見えてくることで得られる心の落ち着きは、自分をとても楽にしてくれます。穏やかな自分でいることによって、おのずとパフォーマンスも上がっていくのです。

違いを理解することで、嫌いな人をなくしていく

違いを個性（強みの違い）へと捉え直すことができると、他者との関係がぐっと築きやすくなっていきます。

「この人とは合わない……」
「あんな人は理解できない！」
「あの人と一緒に仕事をするのは嫌だ！」

そう思っていた相手も、互いの当たり前が違うのだということを理解すると、徐々に自分とは違う視点を持ったユニークな存在として見ることができるようになってきます。

好きにはなれないかもしれない。苦手意識は完全には消えないかもしれない。でも、

自分にはない視点に気づかせてくれて、自分とは違うやり方で成果を出していく人。そのように相手の強みを受け入れる力がついてくることで、あなたの周りから「嫌いな人」がいなくなっていくことでしょう。

強みの視点を手に入れることで、違いを理解する力、相手を受け入れる力、そして心の落ち着きも一緒に手に入れていきましょう。

COLUMN 3

苦手の克服に強みを活用する

Question

窓口など住民対応に苦手意識があるのですが、強みを意識すれば変わりますか？

Advice

私自身も、以前は窓口対応などに苦手意識がありました。

どんな人かもわからない初対面の相手にはつい緊張してしまうし、キツいことを言う常連さんには、仕事だからと理解しつつも憂鬱な気分になってしまう。

一生懸命伝えたつもりが、かえって事態をこじらせてしまうこともあって、「難しいな」「嫌だな」と思うことも多かった記憶があります。

苦手意識があると、「今度はうまくできるだろうか」「どうやって伝えればいいだろう」「何を話したらいいのだろう」など、どうしても自分に意識が向いてしまいます。

ここを変えていきましょう。

まずは自分のことを二の次にして、相手の理解に意識を集中させるのが、苦手克服のコツになります。

しかし、ただ漠然と「相手を理解しよう」と思っても難しいもの。そこで強みを活用していくのです。

「どんな強みの視点を持っているのだろう」と、強みを手がかりにすることで、何より自分が落ち着いて対応できるようになってきます。ぜひチャレンジしてみてください。

CHAPTER

4

チームで強みを活かし合う

―1人ひとりの違いを認める

メンバーの強みの声を聴く

進捗・結果ばかりを聞いていませんか？

職場のコミュニケーションについて尋ねると、先輩や上司からは「話を聴いている」という反応があるのに対して、後輩や部下からは「話を聴いてもらえていない」という反応が返ってくることがあります。

上司・先輩が聴いている内容と後輩・部下が聴いてほしい内容がズレているのです。

ズレが生じているとき、先輩や上司が聴いている内容は、往々にして業務の進捗や結果ばかりになっています。

「あの書類どうだ？　できそうか？」

「先週依頼がきた調査もの、やってる？」

「この資料チェックしたから提出しておいてね」


仕事を進める上で、業務の進捗や結果の確認は欠かせません。しかし、コミュニケーションの内容が進捗や結果に偏りすぎてしまうことは危険です。本人にそのつもりがなくても、相手に**「私が興味あるのは仕事であって、あなたに興味はない」というメッセージを発していると捉えられかねない**のです。

「ああ、課長は結局書類が大事なんだよね。別に私がやろうが他の人がやろうが、関係ないんだよね。書類ばかりが大事にされて、私がこの部署で働く意味ってなんだろう……」


仕事をして、結果を出すことで給料をもらっているのだから、業務に集中することは当然だ。そういう意見もあるでしょう。しかし、**仕事を組み立て、動かしてい**

くのは人なのです。

個性を育てず、まるで均一化されたロボットのように人を扱い、淡々と業務を処理し続ける職場は、負担感と疲弊を生み出し、生産性も上がりません。そうではなくて、1人ひとりが意欲を持ち、個性を発揮して高い成果を上げていく職場を目指すならば、職場で交わされる会話の中身について、強く意識していく必要があるのです。

意図・意味・想いを聴いていく

相手の言動には、必ず「意図・意味・想い」があります。

職場では、業務の進捗や結果に加えて、相手の「意図・意味・想い」を積極的に聴くことが大切です。さらに、聴いたことをただ評価するのではなくて、そこから強みを見つけていくのです。これが、強みの発揮されるチームへの第一歩になります。

「意図・意味・想い」は、先輩や上司からだけではなく、後輩や部下からも積極的に聴いていきましょう。相互理解が大切です。

「この資料見やすいね。どこか工夫したのかな？（意図）」

「処理が早くなったね。どんなやり方したの？（意図）」

「作成指示のあった資料は、どんな使い方をするのですか？（意図）」

「来月のイベントは毎年行っているものだけれど、どんな意味があると思う？（意味）」

「私はこの資料を作ることに意味があると思っているのだけれど、あなたはどう思う？（意味）」

「係長がこの事業に一生懸命な理由を教えてもらえますか？（意味）」

「今度作るチラシだけど、どんな言葉を届けたらいいかな？（想い）」

「情報が少なくて作業に苦労したでしょ。途方に暮れなかった？（想い）」

「厳しいこと言われちゃったね。落ち込んでない？（想い）」


想いを尋ねたつもりなのに意図が返ってきたり、意味を尋ねたけれども反応が弱かったり、自分の想定と違った結果になってもいいのです。ましてや、立派な答えなど期待する必要もありません。

聴くことで理解したいのは仲間の個性であり、仕事のやり方であり、強みなのです。

相手の強みを聴く意識を持って、コミュニケーションを図っていく。そこから強みのチームが出来上がっていきます。

聴くことでわかる、自分と相手の違うところ

同じ業務でも、抱く感情は人それぞれ

相手の強みの視点に合わせながら話を聴いていくと、同じ職場、同じ仕事をしていても、こんなにも違うところを見ているのかと驚かされることが少なくありません。この驚きは、あなた自身に大切な気づきをもたらしてくれます。

「やることは決まっているのだから、さっさと片づけてしまえばいい」とあなたが思っている業務でも、隣の席には、「この業務をやる意味が感じられない」と、手が止まってしまう仲間がいます。

「利用者のことを想って一刻も早く事業をスタートさせたい」と思うあなたの横に、「どうにも非効率だから、見直したい」と考えている仲間がいることもあるでしょう。

こんなとき、つい自分のこだわりを押し通したくなるものです。

「そんなことにこだわらないで、さっさとやっちゃいなよ」

「あなたのせいで、困っている人をずっと待たせることになるんだよ！」

仕事が忙しければ忙しいほど、心の余裕がなくなり、意見の押し付け合い、視点の押し付け合いが起こりやすくなってしまいます。しかし、ここでもう一段階深く、相手の「意図・意味・想い」を聴いてください。あなたが相手の強みの視点に合わせて話を聴くことで、**相手のこだわりポイントが見え、そこに隠れた強みを見つけ出すことができる**のです。

違いを理解して認め合う

自分とは異なる視点、異なるこだわりに触れたとき、はじめは強い拒絶の感情が湧き上がってくるかもしれません。**慣れないうちは、つい自分の視点の正当性を主張したくなってしまう**ことでしょう。

しかし、1人ひとりが持っている「当たり前の感覚」の違いに気づき、そこに優劣がないことがわかってくれば、**拒絶は次第に興味へと変わってきます。**

違いに慣れ、違いを前提としながら歩み寄っていく。互いに違いを認め合う風土ができれば、職場に一体感が生まれ、チームとしての熱量が高まっていきます。

同じ役所に入り、同じ部署に配属され、同じ職場で日々を過ごしていても、見ているものはびっくりするほど違います。当たり前が違うこと、それが普通なのです。

自分と違う意図や意味、想いに触れたら、そこに興味を持ってみましょう。

強みを認め、強みを活かし、チームを変えていく。その一歩を、あなたから踏み出してみてください。

自分の強みでチームに貢献する

自分の強みを伝えれば、相手はそれを活かしてくれる

チームで強みを活かし合うためには、あなた自身の強みについて、周りに理解してもらうことが大切です。あなたの強みの視点とそこに紐づくこだわりを知ってもらって、仲間にもあなたの強みを活かしてもらいましょう。

そのためには、**自分のことを意識的に発信していくことが大切**です。

「抽象的な話も大事だとは思うけれど、やっぱり私は具体的な話が好きだな」

「いつまでにやるとか、誰がやるとかをはっきりさせたい気持ちは強いですね」
「いくら仕事とは言っても、人の気持ちを大切に扱いたいと思っています」
「誰のための仕事なのかなって、そこはついこだわっちゃいますね」
「どんな業務でも、もっと効率的にしたいって、いつも考えています」
「私は落ち着いて考える時間を確保したいタイプなんですよね」

このように、仕事をする上で、あなた自身が当たり前だと感じていること、快適だと感じること、大切にしたいと思っていることを発信することは、とても大事なことです。

なぜなら、人はみな、無意識のままでは自分のこだわりを優先しますが、**あなたの視点を知ることができれば、意識してあなたの視点に合わせたり、活かしたりする選択ができるようになる**からです。

「あ、そうだった。○○さんには具体的な指示の方が伝わりやすかったな」
「□□さんには先に伝えてちょっと考えておいてもらおう」

といった具合です。自分の強みに寄り添ってもらえることは、とてもうれしいものです。そして、あなたはより一層自分の強みを伸ばしやすくなりますし、快適なコミュニケーションは相手にとっても心地よいものです。

自分を活かすためにも、仲間の心地よさのためにも、自分のことを発信していきましょう。

「強みで貢献」を続けていく

「自分にだってできることだから、他の人もできるだろう」

実は、このような**謙遜こそが、チーム力を停滞させてしまう大きな要因の1つ**です。チームの力を存分に発揮するためにも、チームの中であなた自身が強みを発揮していくためにも、思い切って「強みで貢献」をしていきましょう。

謙遜は、強みの発揮の遠慮につながります。チームの中に謙遜が広がることで、お互いが強みを我慢し合う環境になってしまうのです。

また、謙遜は相手をジャッジすることにもつながりかねません。「自分だってできるのに、なんであの人はできない（気づかない）のだろう」と、謙遜しているつもりが、いつの間にか自分基準で相手をジャッジしてしまう危険性も潜んでいるのです。

仕事を細分化して役割を分け合ったり、手を止めて仲間に声をかけ、元気づけてまわったり、業務をパターン化してみんなの作業負担を減らしたり。

自分が気づいたところ、得意なところ、できるところについては、積極的にチームへ貢献していきましょう。

あなたの強みはあなただけのもの。相手が同じレベルに到達することはありません。相手に同じことを求めずに、貢献し続ける気持ちを持ちましょう。

相手の強みに期待をかける

仲間の強みに気づき、必ずフィードバックする

チームの中で、あなたには重要な役割があります。それは、**仲間の1人ひとりが自分の強みに気づくための手助けをする**ことです。

あなた自身が強みに迷ったように、仲間の多くが自分の強みに気づけないまま過ごしています。そこに気づきを与えて強みを開花させていく。そのためには、あなたからの強みのフィードバックが大きな威力を発揮します。

強みの視点を意識しながら、より具体的なフィードバックをしていきましょう。

たとえばこんな具合です。

「打ち合わせの最後に必ず『誰が、何を、どこまで処理する』を確認してくれてありがとう。分担を明確にするから抜け漏れも防げるし、こうやって確実に仕事を進めていくところは、○○さんの強みだね」

「苦情対応した職員には必ず声をかけてくれるよね。途中でさりげなくメモを入れたりして、ほんとによく気づくなあといつも感心しているんだ。そうやって仲間を大切にするところは、○○さんの強みだね」

「この前の会議で出した一覧データの資料、議論のポイントとなるところが強調されていてわかりやすかったよ。おかげでデータに基づく議論が進んだよ。こうやって要点をわかりやすく資料にまとめることができるのって、○○さんの強みだね」

はじめのうちは、本人がそれを強みだと気づいていないので、不思議な顔をされるかもしれません。「別に普通のことをしただけですから」なんて、つれない返事が返ってくるかもしれません。それでもかまいません。具体的な強みのフィードバックがもらえることは、内心ではうれしいものなのです。

あなたが強みのフィードバックを続けていくことで、やがて仲間も自分の強みを自覚するようになり、自信を持って強みを発揮する職員へと育っていくのです。

あなたの期待が仲間を輝かせる

強みのフィードバックができるようになってきたら、次は**仲間の挑戦を後押し**しましょう。強みの発揮に期待をかけていくのです。

あなたからの期待なら、相手は「いつも言ってくれている強みの部分で頑張ればいいのだな」と、具体的なイメージを持ってその期待を受け取ることができます。普段からどこに強みがあるのかを伝えているため、挑戦のハードルが低くなるのです。

「ここの処理を完結するところまであなたに任せたい」

「私の発言を周囲がどう感じたのか、気づいたところを教えてほしい」

「もっと効果を上げたいのだけれど、アイデアをくれないか」

強みの発揮は期待に応えやすく、成果にも結びつきやすいものです。「期待に応えることができた」「自分がチームに役立った」という成功体験は、次なる挑戦に向かうモチベーションにもなっていきます。

あなたの期待によって、仲間が次々と強みを伸ばしていく。その効果も、あなた自身の喜びも、絶大です。この気持ちよさを、ぜひ味わってみてください。

強固な信頼で、チームに自律を生み出す

強みのチームには、工夫とチャレンジが生まれ出す

仲間の強みに着目する目が養われてくると、「○○さんと一緒だったら、こんなことができるかもしれないぞ」といった、工夫やチャレンジの意欲が湧くようになってきます。

それは小さなことかもしれませんが、前向きで、思わずやってみたくなるものです。

・資料をまとめることが上手な○○さんとなら、雑然としているフォルダの整理

だって上手くできるかもしれないな。

・行動力があって地域から信頼されている○○さんとなら、マンネリ化してきた恒例イベントのリニューアルができるかもしれないぞ。

・いつも丁寧に調整してくれる○○さんとなら、他課との連携会議の進め方も何か工夫できるかもしれないな。

このように、**より具体的なイメージを持って「できそうだ」と思えて、実際にやってみたくなり、実現できることが増えていく。**

これがチームで強みを活かし合うことの一番のおもしろさです。**仕事は人がつくり、人が動かしていくもの。**

1人では届かない大きなことを成し得ることができるのも、強みを発揮し合うチームの醍醐味です。

お互いの「らしさ」を理解すれば、自発的なチャレンジが生まれる

お互いの「らしさ」を理解し合うチームには、強い信頼と健全な頼り合いがあります。それゆえにポジティブな一体感が生まれ、チームとしての活気が溢れてきます。

そして、与えられた業務を超えた行動が生まれてくるのも、大きな特徴です。

「係長には根拠資料があったほうがよいと思ったので、用意しておきました」
「申請書の様式がもっとわかりやすくできるのではと思って改善してみました」
「今度のイベントを成功させたいから、駅前でのチラシ配りを一緒にやろう」

言われたからやるのではなくて、**自分がやってみたいと思ったからやる。自分の強みを活かせば苦もなくできることだからやってみる。**周囲からの積極

的な承認が、ますますその意欲を高めていきます。

一方で、自分のやるべき作業で頭の中をいっぱいにして過ごす日々には、他人を業務遂行の阻害要因としか見なくなってしまう恐さがあります。

「あの人が早くやってくれないから私の仕事が進まない」「この人が話をまとめてくれないから自分の仕事が増えた」などと思う自分が現れたら注意が必要です。

人を見て、人の強みを承認し合う風土を生み出すことで、必ず助け合いのある強いチームが生まれてきます。

1人ひとりの「らしさ」が発揮されたチームは強い。

人を信じ、強みを信じて進んでいきましょう。

COLUMN 4

強みと弱み

Question

強みだけに意識を向けて、
弱みは気にしなくてよいでしょうか?

Advice

仕事とは、組織から求められる結果を出すかわりに対価としての給与をもらうものですから、結果を出すこと(何をやるか)から逃げるわけにはいきません。これを前提とした上で、どのようにやるか(やり方)については、ぜひ自分の強みを意識しつづけてください。

たとえば、「思考・理解」に強みのある人が、行動の早さや量を求められる業務に就くこともあるでしょう。こうした際にも、自分の「思考・理解」の回転数を上げる、省エネで対応する、または仕組み化を工夫するなど、「思考・理解」の強みの使い方・活かし方に着目してみてください。これを続けることで自分の強みをさらに強化することができますし、また仲間の力を借りたほうがよい部分も見えてくるでしょう。

強みを意識し始めると、自然と弱みを気にする時間は減っていきますし、さらに、弱みを気にしている時間がもったいないとすら思えてくるようになってきます。

常に「自分の強みをどう使い、活かしていくか」に意識を向けていきましょう。

CHAPTER

5

そしてあなたは
リーダーになる

——自然体で協力関係を築く

自己基盤を整える

他人の評価に依存しない

他人の評価はつい気になるものですが、評価への依存が強くなってしまうと、自分の言動にためらいが生まれ、強みを発揮できなくなってしまいます。自分の強みを信じる心を育てていくことが大切です。

誰でも、他人から理解してもらえることはうれしく、快適なものです。一方で、他人から決めつけられることには抵抗感が生まれ、不快な気持ちを抱くことも少なくありません。相手の発する言葉や態度から受ける影響には、あなどれない強さがあるものです。

「あの人は私のことを理解してくれるだろうか」と心に不安を抱くことは、ごく自然な感情です。肝心なのは、**不安を認めた上で手離していく**こと。他人の評価に一喜一憂しないためにも、自分をよく理解し、自分を受け入れ、そして自分を信じていく力を育てていくことが欠かせません。

闇雲に「自分を信じよう」と思っても、何をどう信じてよいのかわからず、気合だけが空回りしてしまいます。**定期的に強みの視点に立ち返り、自分の強みを思い出して、日々の仕事に活かしていく**こと。この繰り返しこそがあなたを強くします。自分の理解を他人任せにしない。そのために自分の強みから目を逸らさない意識を持ち続けましょう。

自分の土台を整え続ける

仕事を通じて人と関わり、信頼関係を築いて仕事を前に進めていくためには、あなた自身の土台を強くし、ブレない軸を育てていくことが大切です。

他人から厳しい評価を受けたときや、仕事を進める中で困難にぶつかったときでも、あなたは前を向いて歩みを進めていかなければなりません。気合や根性だけに頼っていては、いずれ心身ともに疲弊してしまいます。困難に遭遇してもバネのように跳ね返す、柔らかさや強さを身につけていきましょう。

次のような傾向が増えてきたら、自分の土台を見つめ直すタイミングです。

・最近よく**自分を責めてしまう**
・自分の強みの視点にこだわりすぎて、**強引に仕事を進めることが増えている**
・相手の視点に合わせることが多くて**息苦しさを感じている**
・仕事のために、自分の**健康を犠牲にする日々が続いている**
・**未完了のものが増える**一方だ

土台を整える必要を感じたら、心身の健康に目を向けてみてください。

睡眠や食事、運動のほか、1人の時間を確保する、親しい仲間に会いにいく、気になったまま放置していたことに手をつけるなど、**自分を満たし、充電できる活動が不足していないか確認していきましょう。**

自分の土台が整っていれば、強みの視点を素直に表現することができ、相手の強みの声も落ち着いて受け止めることができます。さらに、協力関係も築きやすく、困難に対してても仲間とともに立ち向かっていくことができるようになります。

自分をよく観察して、土台を整え続けることを、忘れないようにしてください。

強みとは、人との関わりの中で発揮されるもの

仲間の貢献やサポートへの感謝を忘れない

仕事を進めていく中で、自分の強みが成果につながったと実感する瞬間は、とてもうれしいものです。その喜びを味わったとき、ぜひ仲間の貢献やサポートにも意識を向けてみてください。

あなたの持つ素晴らしい強みも、それを活かす環境があってはじめて発揮されるものであり、そこには必ず人の存在があります。

あなたが取り組んだことを認めてくれた人や、あなたの意見に賛同してくれた人、

あなたが強みを発揮できるよう応援してくれた人がいるのです。
反対されなかっただけかもしれません。あるいは、あなた自身が工夫を凝らして了解を取りつけたのかもしれません。それでも、周囲の理解がなければ何事も成し遂げることはできないものです。

強みとは、人との関わりがあってはじめて発揮できるもの。

そこに気づくことができれば、自然と感謝の気持ちが湧いてきます。
そして、あなたの発する感謝の言葉によって、仲間は喜びを感じ、ますますあなたを応援してくれる存在となってくれるのです。

さあ、後輩を育てよう

自分をよく理解し、強みを磨き、そして力をつけていくこと。

自分に向けてやってきたこれらのことは、そのまま後輩の育成に活かすことができます。自分の強みを磨く力がついてきたら、その力を後輩のためにも発揮していきましょう。

あなたがどうやって自分の強みに気づき、それを認め、磨いてきたのか。あるいは、どうやって他者の強みを聴き取り、互いの強みを仕事に活かしていったのか。**あなた自身が試行錯誤したその軌跡は、同じ組織で一緒に働く後輩たちにとって、何物にも代えがたい学びとなる**のです。

あなたとの関わりによって、1人、また1人と後輩たちが自分の強みに気づき、顔を上げ、自信を持って自分らしさを仕事に活かしていくようになる。わくわくする未来に向けて、あなたの力を発揮していきましょう。

リーダーは「気づかないうちになっていた」くらいでちょうどいい

リーダーのキーワードは「自然体」

今の時代、1人の人間がすべてを把握し、答えを指し示すことは至難の技です。

リーダーというと、1人で重責を背負いながら周囲を引っ張る姿をイメージする人もいまだに多いのですが、今は「連携」「協力」「協働」といった言葉がそこかしこで使われる時代です。

これだけつながりが重要視される中にあって、今のリーダーには、1人で頑張る強さよりも、むしろ安心して話ができて、協力し合えて、そして**一緒に達成感を分**

かち合える柔らかさが必要とされているのです。

柔らかさを発揮するためには、自然体でいなければなりません。今の時代に必要とされる「自然体なリーダー」には次の3つの要素が求められます。

❶ 自分のことをよく理解している

自分のことをよく理解している人は、見栄を張ったり、自分を卑下したりしません。見栄や卑下は、必要以上に相手に気を遣わせることになるのです。**得意なことや好きなこと、苦手なことなどを素直に認め、表現できる人とは、一緒にいて心地よい**ものです。

❷ 自分の得意なことで積極的に貢献している

自分の得意なことを把握している人、その得意を積極的に使って周囲に貢献してくれる人は、感謝が集まる人です。**感謝には相手からの貢献を引き出す力があり、協力し合う関係につながります。**

❸ 頼り上手である

相手の得意を引き出せる人は、チーム力を上げていくことができます。**何でも自分で抱え込むのではなく、ときには手離して相手の得意を頼っていく。**その結果、一緒に達成感を分かち合うことができるのです。

等身大の自分を大切にして、自分の得意で貢献し、相手の得意に頼っていく。力みをゆるめて自然体でいることが、あなたらしいリーダーにつながっていくのです。

どこでも強みを発揮する。それが本当のリーダー

自分の強みを育て、活かし続ける人にとって、異動や昇任といった環境の変化は、プラス以外の何物でもありません。今の環境で培った自分の強みを、新しい環境でさらに磨いていくのです。

異動先やポジションといった与えられた環境に一喜一憂せず、どこにいても自分ら

しく、強みを発揮していきましょう。新しい仲間の強みの声を聴き、自分の視点を伝え、信頼関係を築いていくのです。

強みに着目し続ける中で二度、三度と異動や昇任を経験していくと、どこにあっても自分らしさを発揮できる力がついてきます。

異動の初日から落ち着いて席に座り、チームの中に協力関係を築こうと振る舞うあなたの姿は、まさにリーダーそのものです。

どこでも自分らしく、強みを発揮し、強みで協力関係を築いていく。そして、

「あなたが異動してきて、職場が活気づいたよ」

そんな言葉で仲間に迎えられるリーダー気質を、あなたも手に入れていきましょう。

COLUMN 5

リーダーと自信

Question

なかなか自分に自信が持てません。
それでもリーダーになれるでしょうか?

Advice

もちろんなれます。

誰でも得意なことがあれば、不得意なこともあります。

今の自分ができていることに目を向けて、自分を認め、自分を応援する気持ちを大切にしてください。

私自身は係長になったとき、そして課長になったときも、「自信」という言葉は自分の頭の中に思い浮かべませんでした。自分1人で何ができるかよりも、仲間とどれだけ協力し合えるかのほうがよほど大事です。

できることは精一杯やる。仲間とは誠実に向き合う。そして仲間の存在を尊重し強みを活かし合う。

それで充分なのだと思います。自分1人ではなく、チームで成果を出していく。そのためにも、自信のあるなしに囚われずに、等身大の自分を大切にしながら前へと歩みを進めていきましょう。

強みを活かし合う気持ちがあれば、きっと仲間がついてきます。

おわりに

あなたには、強みがあります。

この一言は、私がこの本を通して一番伝えたかった言葉です。

そして、次のことに役立てられるようにと願い、執筆しました。

- **1人ひとりの職員が、自分の強みを見つけ出して活かすこと**
- **仲間の強みに気づき、活かし合うチームをつくること**
- **後輩や部下の強みを引き出し、育成すること**
- **管理職として、強みを生かすマネジメント力を発揮すること**

なぜ今、1人ひとりの公務員が強みを活かすことが必要なのか。

それは、**今の自治体業務はとても複雑で判断が難しく、1人の職員が持つ経験や常識だけで先が見通せるものではない**からです。

自治体が行っている事業の中には、30年前や50年前から続いているものがあります。そして、地域には事業のスタート当時から関わったり参加したりしている人や、毎年この事業を楽しみにしている人たちがいます。

一方で、新たな行政課題は次々と生まれています。デジタル化に向けた対応や環境問題への対処のように、単一の自治体だけではなかなか処理しきれないものもあれば、突如としてやってくる自然災害を想定した事前の備えのようなものもあります。既存施設の老朽化に伴うリニューアルを推し進めていくことも、将来のまちづくりを考えていく上で外すことのできない課題と言えるでしょう。

これらの大きな課題は、それぞれがもはや先送りできないほど表面化しており、日々の業務をこなしながらも考え、対策をとっていかなければならないものばかりです。

地域には何代にも渡って住み続けている人もいれば、新しく住み始めた人もいます。年代も様々ですし、生活も多様です。そのため自治体の仕事は過去・現在・未来のどれもが大事になりますし、ニーズや課題は幅広く、分野も多岐にまたがっていきます。限られた予算や人員の範囲で一体どれを優先し、どれを終わらせ、どれをあきらめるのか、その判断はとても難しいものです。

特定の個人が頑張ればどうにかなるほど簡単な仕事ではないからこそ、1人ひとりの職員が自分の強みを活かして持てる力を存分に発揮していくことがとても大事です。そして、仲間同士が互いの知恵や経験を寄せ合いながら、強みを認め合い、活かし合って、過去から現在、そして未来へと有形無形のまちづくりを進めていくことが、とても重要なのです。

私は、ストレングスファインダー®の認定資格を取得した2015年から、当時勤めていた東京・武蔵野市で、希望する職員に強みに関するプチセミナーを行ってきました。人事課に自主研修として認めてもらい、4年間で120人超の職員に強みの磨き方、活かし方をアドバイスしてきたことは、かけがえのない経験です。

もし、本書にあるエッセンスを職場や組織に導入していくための方針の策定や取組みの強化、研修などが必要な場合には、ぜひお声がけください。

お力になれるよう、私の強みをフル活用して対応いたします。

末筆ながら、私自身がまだ自分の強みなどわからずに、不器用さ丸出しで仕事をしていたころから、ともに働き、苦労も喜びも分かち合ってきた武蔵野市職員の皆様に感謝を申し上げます。そして、今なお最前線で課題解決に向けて持てる力を発揮し続けている姿に、心からのエールを贈りたいと思います。

また、本書を出すにあたって学陽書房編集部の村上広大さんには大変お世話になりました。村上さんが持つ強みの視点、そこから発せられるご意見やご提案は私にとって刺激的で、貴重な学びの機会となりました。「長く大切にされる本を一緒につくりましょう」と、最後まで粘り強さを持って制作に携わっていただいたことに、心より感謝申し上げます。

最後に、自分の強みを見つけたあなたに、もう1つお伝えしておきます。

強みに完成は、ありません。

言い換えれば、強みはずっと成長過程の中にあり続けます。

自分を理解して、工夫して、強みを伸ばしていく。ずっと未完成だから失敗もするけれど、それもひっくるめて成長を楽しんでいってください。

さあ、強みを磨き、発揮していきましょう。

そして、一緒に強みの旅を歩んでいきましょう！

齋藤 綾治

著者紹介

齋藤 綾治（さいとう・りょうじ）

株式会社といろ代表取締役。1971年横浜生まれ。大学卒業後、東京都武蔵野市に就職。総合政策部門での全体プランニング・総合調整や、スポーツ部門でのイベント企画・実施、福祉部門での困窮世帯ケースワークをはじめとして、コミュニティ、文化、教育、保育、地域福祉など、自治体業務を通じて多様な人の生と生活に関わり、俯瞰と対話によるまちづくりに従事する。「武蔵野市第五期長期計画（平成24年４月）」、「武蔵野市学校教育計画（平成22年３月）」、「武蔵野市スポーツ振興計画一部改定（平成28年４月）」の策定をはじめ、数多くの計画策定業務にも従事。仕事を続けながら、自らコーチングを学び、2014年に（一財）生涯学習開発財団認定コーチ取得、2017年に国際コーチング連盟認定 Associate Certified Coach（ACC）取得。また、2015年にはGallup認定ストレングスコーチを取得し、人の強みに着目したマネジメントやコーチングの実践を重ねる。2012年より生活福祉課長、地域支援課長、生涯学習スポーツ課長、オリンピック・パラリンピック担当課長、市民活動推進課長を経て、2020年４月、武蔵野市を離れ独立。コーチング、ストレングスコーチングをベースとして１人ひとりの能力開発を支援している。

（オフィシャルサイト）https://10potential.co.jp/
（Twitter）https://twitter.com/ryoji_coach/
（note）https://note.com/ryoji_saito/
（オフィシャルメルマガ）「強み探求の旅に出よう」
https://www.reservestock.jp/subscribe/150156/

自分らしさを見つけて伸ばす

公務員の「強み」の活かし方

2021年8月24日　初版発行

著　者　齋藤《さいとう》 綾治《りょうじ》
発行者　佐久間重嘉
発行所　学 陽 書 房
〒102-0072　東京都千代田区飯田橋1-9-3
営業部／電話 03-3261-1111　FAX 03-5211-3300
編集部／電話 03-3261-1112　FAX 03-5211-3301
http://www.gakuyo.co.jp/

イラスト／尾代ゆうこ
ブックデザイン／LIKE A DESIGN（渡邉雄哉）
DTP制作・印刷／加藤文明社
製本／東京美術紙工

ISBN 978－4－313－15128－4　C0034